I0390994

osvaldo cibils

los títulos
la tangencial
el bermellón

carrito of Trento

los títulos la tangencial el bermellón

2012 2013 2014

© osvaldo cibils 2017

ISBN 978-1-326-92330-3

los títulos

1

la incubadora
las mejillas
mi estructura
el ámbito
una cultura
el corazón
la persona

2

una vez
otra vez
la estética
su creación
los propósitos
el reptil
los manuscritos
el libro
el boletín
los poliedros

3

el conocimiento
el vaivén
las escaleras
los años
las manos
la eternidad
un ejemplo
un detalle
un impulso
el vaivén

4

la sombra
una danza
los dedos
el frío
las causas
el lenguaje
los pájaros
una actitud
los pájaros
la mano
la figura
los instrumentos
la cinta-adhesiva
el artista
el viejo
las claraboyas
una ciudad
el catedrático
el nombre
la estrella
los detalles
la carne
el azul
los atrayentes

5

lo invisible
lo incesante
se asciende
lo invisible
lo incesante

6

una vida
la cultura
el principio
el universo
la belleza
el experto
el reposo
las acciones
la figura

7

un acontecimiento
su forma
los tordos
las bocas
los comensales
la gente
el lector
la sala
la esperanza
la lejanía
su forma
el año
una época
su estilo
su figuración

8

las innovaciones
la apariencia
la emoción
la perspectiva
la virtud
la paciencia
lo que se repite
lo que se duplica
la mitad

9

una aventura
la nostalgia
la mitad
el vaivén
el artista

10

la búsqueda
la época
la persona
la realidad
la luna
las estrellas
los artefactos
el mundo
hay detalles
hay aspectos
la apariencia
el todo
las cosas
el día
el artista
la mesa
las cosas
las bendiciones
el universo
el orden
las categorías
los fragmentos
los detalles
me someto
me resisto
las cosas
la acción
la persona

11

los objetos
la ilusión
la tierra
el tiempo
la rueda
el pensamiento
el otro
la información
la memoria

12

el mundo
una fuerza
un autómata
lo sensible
la lógica
la evidencia
la armonía
los movimientos
una dirección
las magnitudes
el sujeto
la uniformidad
las proporciones
las alternativas
una dirección
el equilibrio
la curva
la contribución
el suceso
tus interpretaciones
el mejor
los todos
el mundo
la distancia
el artista
los parlantes
el polen
la intuición
el comienzo

la evolución
el vaivén
la presencia
la bestia
la percepción
las vibraciones
las manos
el suelo
las extremidades
una lámpara
el hombre
el desierto
su agujero
sus ojos
mis pasos
los vientos
una memoria
su estructura
el viaje
las piezas

13

la experiencia
el sentido
la habilidad
sus descripciones
la exactitud
la vista
el mundo
una imagen
el espacio
el tiempo
su evidencia
la ilusión
sus cabezas
la arena
lo razonable
los acontecimientos
la realidad
los objetos
los ingredientes
una realidad
una visión
el mundo
una conspiración
mi pregunta
la experiencia
el sentido

14

las calles
la producción
los libros
una exposición
el mundo
la ciudad
un dibujo
la formalización
mis acciones
un objeto
un ejemplo
la situación
la imagen
los títulos
el sentido
el tiempo
la persona
la bestia
el instante
los ojos
la tangencialidad
el reconocimiento
el tiempo
el reinicio
el movimiento
la bestia
la persona
las bellas artes
una historia

la situación
el plano
un desgaste
el efecto
la función
un sentido
su dimensión

15

la cultura
la impresora
lo aprendido
las moscas
la vida
los ánimos
los siglos
los aparatos
la sensibilidad
un personaje
una conducta
mi universo
la acción
las fronteras
el calor
el espacio
el mundo

16

el universo
los otros
el alrededor
sus días
el océano
la historia
el momento
una forma
el momento
su absorción
una demostración
la costumbre
nuestras décadas
la complicidad

17

el espacio
la esfera
la lámpara
las vidas
una mano
el héroe
el tiempo
un neanderthal
lo cotidiano
el análisis
el código

18

el sentido
la percepción
el procedimiento
su forma
la saliva
los anhelos
mis sonidos
el mundo
las margaritas
la civilización
la lejanía
el veredicto
alguien similar
un minuto
la cultura

19

el vaivén
la técnica
la bestia
el papel
las neuronas
la bestia
el mundo
su taller
la calle
el momento
la traducción
la vida
la persona
el fenómeno
el sentido
el brazo
las grietas
los seres
las figuras
una respuesta
el vaivén
el vaivén
la ética
la estética

la tangencial

1

la invención
la seguridad
la contundencia
lo delicioso
el desplazamiento
nuestra fortuna
los atrayentes
los incesantes

2

la foto
dos latas
una colección
48 tacos
la ciudad
el 1997
el 2005
un walkman
otros cassettes
el 1989

3

el agua
los tubos
los diámetros
los tubos
las olas
la arena
el mapa
el ventilador
el obrero
la penumbra
en septiembre
las uvas
las alcantarillas

4

lo artificial
lo inteligente
lo necesario
la madre
el padre

5

la retroalimentación
el guerrillero
el patio
la ropa
la escalera
la azotea
su homosexualidad
su hijo
su guerrillero
el hombrecito
su cretino
las claraboyas
los vecinos
el 1971
un 1972
el 1973
la azotea
la izquierda
la derecha
la cocina
las granadas
sus escopetas
su pistola
la artesanía
la claraboya
mi vecino
su caída
la heladera
el frutero

la manzana
el tocadiscos
el cancionero
esa mañana
otro detenido
la azotea

6

el impresor
su indiferencia
el primus
la revista
la foto
el expresionismo
una mancha
el kerosene
su lupa
su ropero
sus revistitas
el mate
la penumbra
su música
la interferencia
el folklore
su tocadiscos
la ventana
el tejido
el mosquitero
la tardecita
el paseo
su libidinosidad
el parque
su boulevard
mi triciclo
sus zapatos
lentamente
su hospital

su cena
el café
la leche
nuestro frasco
el vidrio
dos camisas
su corbata

7

las manos
la actividad
las tijeras
mi inocencia
lo grisáceo
lo amarillento
lo grisáceo
la televisión
las urracas
las mujeres
el estanque
las sonrisas
los pies
los zapatones
pasa un auto
la cultura
la ausencia
la cabeza
la opresión
la reja
mi cabeza
las ideologías
la cervecería
las ideas
las pilas
las montañas
los cajones
las arañas
lo de menos

8

la playa
su apartamento
su baño
la ducha
esa sensación
nuestra complicidad
el taxi
las bochas
el té
la bombilla

9

la repetición
la levedad
las variaciones
el relieve
las proporciones
las alternativas
el aprendizaje
las proporciones

10

el toldo
las memorias
los géneros
ese dormitorio
el enchufe
las alturas
54 combates

11

las hormigas
los sonidos
esa incertidumbre
la electricidad
las condiciones
los alimentos
las termas
los exclavos
la colombiana
todas las mangostas
todas las serpientes
el pueblo
el bunker
el 2005
el bosque
el humo
los frenos

12

el invierno
los pavimentos
cuatro meses
nosotros
los mórbidos
los destapados
la conexión
la presencia
las manos
el estallido
nuestras narices
tus brazos
mi cabeza
otra cabeza
las dimensiones
la nieve
el andamio
las ventanitas
los colores
lo anterior
las cabezas
doce dedos
tan buenos
tan duros
sus latidos
los defensores
los besos
los nervios
la temperatura

las uñas
el balcón

13

el sonido
la dispersión
la vinatería
los conformes
la marioneta
los grisáceos
el auto
el vendedor
la novia
los liceos
las visitas
los bigotes
tu deuda
mi nombre
aquella cama
el utilero
un facilismo
esa habitación
el asesino
los humildes
la electrotecnia
el tester
los cigarrillos

14

las revistas
el estanque
mis madres
los arbustos
la radio
la exclamación
ese estanque

15

la madre
el padre
los paréntesis
la hija
el hijo
la esposa
el arte
me comparto
las comillas

16

la tranquera
la excavación
el techo
los ladrillos
las vigas
el cemento
el olor
lo degenerado
el interior
las líneas
el tiempo
la pila
174 centímetros
mis dibujos
mi altura
nuestro barro
la belleza
la palmera
los ladrillos
tus exámenes
mi conducta

17

cuatro patas
cuatro inocentes
tu cómoda
mis historietas
dos inocentes
la tos
el entrepiso
la escalera
la filantropía
la computadora
el coleccionista

18

la mesa
los vestigios
una gota
la tinta
los monstruos
el espacio
la biblia
la psicología
las revistas
los libros
la publicidad
el timbre
la cartulina
el talco
la desnutrición

19

un espectáculo
seis patas
tres patas
dos patas
cinco patas
los aplausos

20

los alemanes
el instituto
las alturas
los pintores
el puro
la batería
la pelotita
la raqueta
el cineasta
mi llanto
los aplausos
la luz
el VHS
mi humedad

21

la vaca
el sacabocados
una identidad
el sótano
lo sagrado
los gritos
un ángel
un puerto
un avión
mis cueros
los alegres
los artistas
los vivos
los muertos

22

el cerebro
la belleza
tu arquitectura
mis ranas
un concepto

23

la basura
un estilo
una brutalidad
la piel
la pana
la tinta
la solidaridad

24

la suerte
el alivio
el organismo
el control

25

el fondo
los galpones
la faja
el níspero
los manzanazos
el banquito
la caridad

26

lo breve
lo bobo
los ladridos
el fondo
mi pasado
su finalidad

27

mi forma
la evolución
mi forma
la inteligencia
su pierna
tres ruedas
la independencia
el ingenio
su palmera
la prueba
las fragilidades
mis sentidos
su probabilidad
su figura
su figura
las acciones
las preferencias
la técnica
mi secreto
su arquitectura
su belleza

28

las ranuras
la delicadeza
la electricidad
ese estilo
un esquema
la frescura
las ranuras
la materia
la energía
la armonía
la delicadeza

29

mis hojas
nuestro arte
los sellos
los ondulines
el concurso
los minutos
las campanadas
la anestesia
la lluvia
los panes
su fuga
las cantarolas
su profesor
su premio
nuestra felicidad

30

tu matemática
su lámpara
sus deseos
el banquito
la ventana
las ranuras

31

los fragmentos
la investigación
los panfletos
mi figura
tu cabeza
las personas
las paredes
los descendientes
la confianza
el mundo
la causa
su independencia
la causa
la resistencia

32

el comunicado
los artistas
la calle
este instante
el agua
el cilindro
el metal
seis patas
seis pernos
el calor
la órbita
una lámina
el juego
los niños
la calle
el estanque
la ventana
nuestra belleza
los círculos
las cabezas
la inteligencia
los aplausos
el portaminas
el papel
la disciplina
una lechuga
un huevo
mi botella
medio litro

el kerosene
su botella
medio litro
el kerosene

33

dos personas
el tercer piso
los ladrillos
los acobardados
nuestro turbamento
lo mismo
lo otro
lo anterior
otra persona

34

el calor
la opresión
aquel lado
aquella inteligencia
lo inclasificable
lo afrodisíaco
este lado
el artista
las conversaciones
la euforia
la plantilla
las formas
la plantilla
el 1983
las posibilidades

35

una nube
el experto
las constelaciones
hay paisajes
hay cavernas
los humanos
los cuadernos
los renglones
los garabatos
la divinidad

36

los ojos
el murito
la bisabuela
las instrucciones
la respiración
mi disco
tus ojos
tu mensaje
el traslado
el caballito
la rambla
el mar
la escuela
los ojos
aquel sombrero
la hamaca

37

un hombre
el cansancio
los pies
la inteligencia
la pared
un dibujo
su inteligencia
los invitados
lo tragicómico
la delicia
el abuso
el río
el artista
la vereda

38

la puerta
el timbre
una muchacha
los otros
los ausentes
el sordo
el sobreviviente

39

tus muecas
tu familia
tus décadas
el mundo
la gente
tu empleo
tu familia
tu cancionero
tu siempre
mi valija
tu siempre

40

un sótano
tus bracitos
tus canas
la comunidad
mi cajita
tu cultura

41

la línea
mi seguridad
el grafito
el papel
las repeticiones
los centímetros
los bordes
la goma

42

tus pies
tus zapatos
la escalera
la alfombra
tu arquitectura
el arte
mi ombú
la tangencial

43

la maceta
la cicatriz
mi hermana
el escobillón
su amiga
sus amigas
la cocina
la heladera
el 1997

44

el apartamento
el disco
las repeticiones
tus medias
las rayas
los vaqueros
tus vaqueros
los pasos
mis manos
tu reino
los pasos
mis manos
la fiebre
la televisión
el aeropuerto
los graciosos
tus lentes
el monopatín

45

la playa
el ómnibus
la traslación
la estatua
el caballo
el tren
los pescados
las fábricas
la cebada
las veredas
los olores
las baldosas

el bermellón

1

el cilindro
el cristal
la claraboya
otro cilindro
el refrigerador
las manzanas
el disco
la canción
los humanos
la levadura
el piso
el revolcón
los torcidos
los cilindros
los gobiernos
las secuencias
el ñandú
la lluvia
el perro
el níspero
la ciudad
los juncos
dos pinos

2

los humanos
el artista
su respiración
las moscas
los niños
la lectura
un mate
lo espantoso
un banquito
la ciudad
sus lágrimas
sus trifulcas
sus libros
sus traducciones
la bombilla
el ojo
las moscas
las delgadas
los cultos
los humanos
su yerba
las moscas
la caldera
el agua
los chorritos
el chorro
nuestro proyecto
el fracaso

3

un trabajo
un sueldo
media hora
un día
un trabajo
ocho horas
media hora
un día
diez segundos
una suerte
dos silencios
mi usted
su yo
lo mismo
los otros
los humanos
el país
los kilómetros

4

el alrededor
la televisión
los comentarios
los norteamericanos
la luna
mi sufrimiento
mi desesperación
ningún maestro
el block
24 papeles
los rústicos
mis garabatos
yo astronauta
mi cohete
las páginas
el final
mi alunizaje
yo astronauta
el primero

5

las ideas
los carniceros
un palco
el honor
la adquisición
los diferentes
el final
el alma
el agradable
los abrojos
la forma
la belleza
ningún pájaro

6

la pared
lo invisible
el cristal
la pierna
su repertorio
la lógica
las vibraciones
sus movimientos
la armonía
mi ausencia
el rumor
el intelectual
el universo
el pensamiento
las imágenes
la fuga
el espacio
el tiempo
la evolución
la realidad
los opuestos
una lamparilla
la libertad
tu voluntad
el alma
nuestra forma
los fragmentos
lo estático
lo destinado

7

las animaciones
el arte
el sonido
la forma
tus montañas
tu pueblo
tu norte
mi exposición
mi vida
tus objetos
los humanos
los utensillos
el sombrero
los papeles
los agujeros
el itinerario

8

los humanos
los territorios
las horas
los pies
la cultura
los chorritos
el chorro
la sal
las parrilladas
nuestro murmullo
los humanos
las manos
los aplausos
el resto
los paquetes
mis mapas
tu arena
el último
el ventilador

9

el armario
la revancha
el libro
el muchacho
lo interesante
la desobediencia
las autoridades
el otro
la observación
el muchacho
la voz
la insolencia
las vibraciones
sus movimientos
los lentes

10

la inspección
la luz
el escritor
la tarde
su cabeza
lo superior
su cabeza
una cosa
la plasticina
su cabeza
un anexo
doce narices
algo científico
la forma
el contenido
su respiración
el bermellón
un color
su puerta
su heladera
su espejo
su baño
su cama
su almohada
su cocina
su alfombra
su apartamento
su respiración
el bermellón

11

la jactancia
un olvido
los otros
el último
su gorra
el puente
los desenfrenados
los humanos
el aplauso
lo sano
las cornisas
los refugios
lo terminado
la camiseta
el agua
lo caliente
el sol
el salario
los desinflados
un tronco
su bolsa
el tren
el objeto
el aprendiz
nuestro asiento
sus botas
los caramelos
los humanos
una hora

diez minutos
una armónica
un lago
un viernes
el viento
los humanos
el cerro
la ventanilla
la parra
la radio
la puerta
la casita

12

los humanos
los cariñosos
los compungidos
los vendedores
una medida
el agua
el maní
el azúcar
el fuego
un testigo
lo acaramelado
el nylon
el proceso
la anécdota
el aroma
la canción
el sentimiento
los humanos
la expresión

13

el piso
el techo
la pared
la pared
las paredes
la ventana
el colchón
el colchón
lo dividido
las partes
las partes
la parte
el espejo
el corredor
el hielo
la heladera
el líquido
la impresora

14

el texto
las hojas
las impresiones
cuatro paquetes
los paquetes
el paquete
un paquete
los paquetes
un libro
las páginas
las páginas
una página
la página
la biblioteca
las paredes
la pared
los escalones
las escaleras
los pisos
la escalera
el piso
la planta
el corredor
las ciudades
el país
los escalones
la escalera
el piso
los escalones

la escalera
el piso
los escalones
los escalones
los continentes
el agua
los continentes
los escalones
la escalera
el piso
la escalera
el piso
los escalones
el agua
el planeta
los escalones
cuatro partes
las partes
dos partes
la parte
el planeta
las partes
la operación
el planeta
una manzana
la cena
la manzana
la parte
una manzana

15

el bermellón
dos silencios
el resto
lo inventado
lo incesante
el último
mi mapa
tu arena
un desplazamiento
los humanos
la red
los humanos
las alcantarillas
sus colecciones
sus intenciones
el concepto
los quioscos
los panfletos
una comedia
dos silencios
un color

16

el agua
un cilindro
seis patas
la corriente
las paredes
los humanos
las ondas
tu costado

17

los humanos
la nieve
el río
las gotas
el artista
la ciudad
la videocámara
el espectáculo

18

los pies
la cultura
diez días
tus aplausos
su cabeza
las parrilladas
las manos
las mangostas
las serpientes
el aprendizaje
un sonido
las cabezas
los humanos

19

las variaciones
la tristeza
los relieves
las condiciones
los alimentos
las proporciones
la electricidad

20

otro invierno
las alcantarillas
nuestro territorio
los centímetros
el cielo
los andamios
la eternidad
el cerebro
los dedos
la reverberación
la temperatura

21

el guión
la propuesta
el título
el bermellón
los comentarios
el diálogo
las traducciones
un acuario
el agua
un pez
el fondo

22

la percepción
los signos
un mueble
cuatro siglos
la decisión
mis gestos
la calma
el equilibrio
tu formación
la cultura
su contrario
la vuelta
la acción
la energía
la ejecución
mis gestos
tu montaña
tu cima
nuestro ascenso
nuestra velocidad

23

la escritura
la cabeza
las razones
una década
un escritor
el sentido
el muchacho
el profesor
los dibujos
la represión
un personaje
un escritorio
los papeles
el mac guffin
el bermellón
los personajes
los papeles
el muchacho
el profesor
el personaje
un rectángulo

24

los papeles
los globitos
los textos
la tragedia
los humanos
el muchacho
un elefante
el escritor

25

los papeles
el elefante
ningún pájaro
un tango
la niña
la madre
la mano
la niña
ocho dedos
las uñas
la tierra
una placita
la ciudad
su balneario
los acontecimientos
el profesor
el escritor
los acontecimientos
el block
el muchacho
los acontecimientos

26

los textos
los libros
las tachaduras
los subrayados
el sylvapén
su ambiente
el bermellón
los textos
los globitos

27

las definiciones
los crucigramas
los cálculos
las conjeturas
los humanos
la luz
un sonido
su respiración
mis conclusiones
su capacidad
las series
ningún pájaro
el elefante
yo astronauta
el escritorio
el escritor
el block
la silla
una hora
cinco minutos
doce minutos
la puerta
200 humanos

osvaldo cibils. 1961. Artista nacido en
Montevideo, Uruguay. Vive en Trento, Italia.
Sus obras se orientan principalmente hacia el
dibujo, el sonido, el videoarte y el desarrollo
de ideas experimentales.
http://osvaldocibils.com
cibils@hotmail.it

carrito of Trento artbooks and small self-
published items
http://osvaldocibils.com/carritooftrento/edition
s.html

osvaldo cibils en Lulu
http://www.lulu.com/spotlight/osvaldocibils